Poesie der Worte

Gedichte für viele Anlässe

von

Julia Riesenweber

Julia Riesenweber ist in der schönen Bergwelt des Karwendelgebirges aufgewachsen und liebt es, auf Reisen zu gehen und ihre Erlebnisse fotografisch festzuhalten. Sie erfreut sich daran, neue Länder und Kulturen kennen zu lernen. Mittlerweile wohnt sie in München, wo sie auch als Erzieherin in einer Kinderkrippe arbeitet. Neben der Arbeit verbringt sie gerne Zeit mit ihren Freunden oder unternimmt lange Spaziergänge. Außerdem versucht sie sich im Malen von Bildern oder schreibt Gedichte.

Bibliographische Information der Deutschen Nationalbibliothek: Die Deutsche Nationalbibliothek verzeichnet diese Publikation in der Deutschen Nationalbibliographie, detaillierte bibliographische Daten sind im Internet über http://dnb.dnb.de abrufbar.

© 2021 Riesenweber, Julia

Herstellung und Verlag: BoD – Books on Demand, Norderstedt

ISBN: 9783752640083

<u>Covergestaltung und Autorenfoto:</u> Julia Riesenweber

Dieses Buch widme ich meinen Eltern, die immer für mich da sind. Und einem ganz besonderen Menschen, der immer einen Platz in meinem Herzen haben wird.

Inhaltsverzeichnis

1. Jahreszeiten

<u>Frühlingszeit</u>

Viele zarte Blumen
dort im Wiesengrund
und auch tausend Tiere
Vögel, süß und hold.

Bunte Wiesen
grüne Wälder
Schmetterlinge
und auch zärtlich bunte Felder.

Rufen stets so wundervoll:
„Frühlingszeit ist wirklich toll!"

<u>Anmerkung der Verfasserin:</u>
Das war mein erster Versuch, ein Gedicht zu schreiben.
Ich war 8 Jahre alt.

Die Legende vom kleinen, einsamen Blatt

Ein kleines, gold`nes Blatt
das fühlte sich allein.
Es wollt so gern `ne Weile
am Baum noch oben sein.

Dort bei den ander`n Blättern
da ist es lauschig warm.
Doch hier, am Boden liegend
war es einsam und arm.

Da kam ein kleiner Igel
und rief: „Mir ist so kalt!
Der Herbstwind braust über die Felder
hier draußen beim Buchenwald!"

Da sprach das Blatt: „Komm, nimm mich!
Und deck dich mit mir zu!
So bin ich nicht mehr alleine
und der Herbstwind lässt dich in Ruh`!"

Der Igel nahm das Blatt
und breitete es über sich aus.
Er rollte sich zusammen
und fühlte sich zu Haus`.

So lebten sie beide glücklich
zusammen, und nie mehr allein.
Und merkten, wie schön es sein kann …
füreinander da zu sein.

<u>Herbstmorgen</u>

Ein wärmender Strahl
trifft mein Gesicht.
gold – rote Blätter
leuchten im Licht.

Weiße Nebel
zieh`n übers Feld.
Rings um mich
erwacht die Welt.

Ein Hase versteckt sich
ein Vogel der singt,
fröhlich vom neuen
Tag, der beginnt.

Ich lauf` über Wege
ein Lächeln umspielt meinen Mund.
Ich lauf` und bin glücklich
die Welt ist so bunt!

Nebelmorgen

Nebel zieh`n übers weite Feld
in tiefes Weiß versunken, ist die Welt.

Die Blicke sind getrübt, man sieht nicht weit
doch die kalte Luft ist rein.

Man sieht nicht mal die eig`ne Hand
durch die weiße Nebelwand.

Im Nebel in der Einsamkeit
öffnet sich das Herz ganz weit.

Gold`ne Blätter leuchten klar
durch den Nebel wunderbar.

Die Welt ist nur noch grau in grau
doch manche Dinge sieht man ganz genau.

In der wunderschönen Natur
findet Mancher eine Spur.

Der Nebel ist verschwunden bald
still steht er da, der dunkle Wald.

2. Weihnachten

Fröhliche Weihnacht

Fröhliche Weihnacht überall.

Glocken klingen durch Berg und Tal.

Kinderlachen tönt durch Wald und Flur.

Sie ziehen einen Schlitten an der Schnur.

Herrlich duftet`s in der Stadt,

nach Plätzchen - Kerzenlichter scheinen matt.

In den Schaufenstern steht Spielzeug allerhand.

Auf dem Marktplatz steht ein Baum mit
Silberband.

Dicke, weiße Flocken fallen.

Fröhliche Weihnacht und ein gutes, neues Jahr
euch allen!

Freundschaft leuchtet

Eine Freundschaft leuchtet,

wie ein heller Stern.

Erleuchtet uns`re Herzen,

wie strahlender Kerzenschein.

Für eine Leben ohne Leid,

schenke anderen Menschen Licht.

Hilfsbereitschaft ist,

*wie eine Sonnenstrahl, der sich im Wasser
bricht.*

So zünd` ein Lichtlein an,

für die Menschen, die du liebst.

Es wird ihnen die Hoffnung geben,

dass es auf der Erde Frieden gibt.

Erleuchte uns`re Welt,

dass sie heller als die Sonne strahlt.

Und wie `ne kleine Kerze,

Funken der Liebe in uns`re Augen malt.

Lass deine Freunde nie im Stich,

*knüpfe mit vielen Menschen ein
freundschaftliches Band.*

Schenke fremden Herzen Licht,

und reiche auch dem Feind die Hand.

Gib uns Geborgenheit

Gib uns Geborgenheit,
du kleine Kerze.

Schenke uns dein helles Licht.

Leuchte tief in uns`re Herzen.

Schenke uns die Hoffnung,
dass es keinen Krieg mehr gibt!

15

Kleine Kerze, leuchte

Leuchte, kleine Kerze, leuchte,
weit hinaus in alle Welt.
Über Berge und durch Täler,
damit die Menschheit Frieden hält.

Leuchte, kleine Kerze, leuchte,
durch den tiefen, dunklen Wald.
Schenk den Menschen Licht und Wärme,
denn ohne Liebe ist die Welt so kalt.

Leuchte, kleine Kerze, leuchte,
tief in alle Herzen.
Damit die Hoffnung aufrecht bleibt,
für ein Leben ohne Schmerzen.

Leuchte, kleine Kerze, leuchte,
damit sich die Menschen lieben.
Vertreibe Krieg und Hass und Leid,
schenke uns ein Leben in Frieden.

Leuchte, kleine Kerze, leuchte,
damit dein Schein auch die erreichen kann,
die in einer dunklen Ecke steh`n,
damit sie sich nicht mehr fürchten, irgendwann.

Leuchte, kleine Kerze, leuchte,
damit die Menschen sich tolerieren.
Sich gegenseitig Freundschaft schenken,
dann muss niemand mehr erfrieren.

<u>Weihnachtswünsche</u>

Frohe Weihnacht, ihr lieben Kinder,
draußen ist schon tiefster Winter.

Frohe Weihnacht wünsch´ ich euch von Herzen,
am Tannenbaum, da brennen schon die Kerzen.

Frohe Weihnacht, viel Gesundheit und Glück,
und von den Plätzchen das größte Stück.

Frohe Weihnacht und viele Geschenke,
ihr wisst ja bestimmt, dass ich an euch denke.

Frohe Weihnacht und ein gutes, neues Jahr,
wünscht euch eure Julia.

Eine weiße Weihnachtsnacht

Der Himmel breitet seine weißen Flügel,
schützend über uns`re Welt.
Glitzernd, weiße Hügel,
über Berg und Tal, auf jedem Feld.

Der Mond scheint hell vom Himmel,
Sterne funkeln überall.
Im wilden Schneegetümmel,
schimmert von fern ihr Strahl.

Der zarte, weiße Schnee,
bedeckt das grüne Gras.
Und über dem stillen See,
liegt eine Eisschicht, die aussieht, wie Glas.

Diese weiße Weihnachtsnacht,
bringt eine Botschaft zu uns auf die Welt:
Es lebe derjenige glücklich,
der auf ewig Frieden hält.

3. Freundschaft

Wie die Zeit vergeht

Ich hätt es nie für möglich gehalten,
da müssen höhere Kräfte walten.

Doch wir haben uns gefunden,
und hatten gemeinsam viele schöne Stunden.

Wir gehen zusammen durch dick und dünn,
da ist jede Pleite nur halb so schlimm.

Du bist die beste Freundin auf der Welt,
die immer ehrlich ist und zu mir hält.

Du hilfst mir, wenn ich traurig bin,
hast immer lustige Ideen im Sinn.

Uns kann wirklich nichts und niemand trennen,
weil wir uns dazu einfach zu gut kennen.

Wir verstehen uns auch ohne Worte,
du bist ein Mensch von ganz besond`rer Sorte.

Ein Blick, und du weißt, was ich denke, fühle
und mein`,
das muss wahre Freundschaft sein.

Doch Eines lässt mir keine Ruh`,
jetzt gehst du ja auch schon auf die 30 zu.

Ich wünsch´ dir zum 20. trotzdem alles Gute,
Liebe, Glück, Gesundheit, wenn dir mal mulmig
zumute.

Du bist jemand, der mit beiden Beinen fest im
Leben steht,
sieh` nur, wie die Zeit vergeht!

Und wenn das Leben auch mal schwierig ist,
liebe (**Name einsetzen**), bleib so, wie du bist!

Gemeinsam

Gemeinsam schweigen,
Und dem Anderen zeigen,
dass du ihn liebst,
und ihm Geborgenheit gibst.

Miteinander denken,
und sein Herz verschenken,
das öffnet die Herzen,
und lindert die Schmerzen.

Miteinander lachen,
sag dem Anderen schöne Sachen,
schenk deine ganze Empathie,
denn Beziehungen ohne dies gehen nie.

Miteinander weinen,
kann zwei einsame Herzen vereinen,
hilft, füreinander da zu sein,
denn keiner ist so gern allein.

Miteinander sprechen,
kann das Eis zerbrechen,
hält die Herzen warm,
und niemand ist mehr arm.

Miteinander tanzen,
kann Bäume ausreißen und wieder pflanzen,
hält die Seele rein,
und Keiner ist zu klein.

Gemeinsam schweigen,
und dem Anderen zeigen,
wie wichtig er für dich ist,
lass deine Mitmenschen nie im Stich.

Fröhlich sein

Fröhlich sein und Gutes tun,
habe stets dazu den Mut.

Denn wie schön kann Freude sein,
geteiltes Leid ist halbes Leid.

Lass` die Spatzen von den Dächern pfeifen,
denn ein jeder muss begreifen,

wie schön es ist, jemand zu haben,
an dessen Rat man sich kann laben.

Geh` hinaus ins weite Land,
und reiche auch dem Feind die Hand.

Damit auch der ist nicht allein,
wie schön können Toleranz und Freundschaft
sein.

Haltet Frieden auf der Welt,
denn was bedeutet schon das Geld.

Wenn man kann zusammen leben,
und sich gegenseitig Verständnis geben.

Wie viel schöner ist die Welt,
wenn man sie zusammen hält?

4. Länder

Auf der grünen Insel

Grüne Felder – wohin der Blick auch fällt.
Irland ist der schönste Fleck auf der Welt.

Blauer Himmel ohne Wolken.
Jeden Morgen strahlt die Sonne golden.

Die Stille der Natur so sacht.
Zeigt sich in der Blumenpracht.

Nachts ist sternenklarer Himmel.
Der Mond funkelt aus dem Sterngetümmel.

Am Morgen ist die Wiese vom Tau ganz nass.
Und der Wind weht sanft durchs Gras.

Die Einsamkeit ist wunderschön.
Jeden Abend kann man einen Sonnenuntergang
sehen.

Irland ist ein schönes Land.
Die Wellen brechen sich am felsigen Strand.

Der Sandstrand läd´ zum Träumen ein.
Der Sand dort, der ist weiß und fein.

Hat man sich einmal in das Land verliebt,
bleibt es immer im Herzen drin!

Bella Italia – Arrivo a Verona

Aufgepasst, den Koffer fassen,
und ihn nicht zu Hause lassen.
Ab ins Auto – und nach drei Stunden,
haben wir Verona gleich gefunden,
nur nicht die Ausfahrt verpassen.

Doch dann waren wir sehr schnell verwirrt,
und sind durch die Straßen geirrt,
wo ist denn jetzt bloß das Hotel?
Ach, dann fragen wir am Kiosk halt schnell.
Vokabeln sind durch meinen Kopf geschwirrt.

Wir haben das Hotel gefunden,
nach sehr vielen Autorunden.
Nachdem wir waren angekommen,
haben wir die Stadt aufs Korn genommen.
Dort verbrachten wir die nächsten Stunden.

Am Bahnhof den Zugplan gesehen,
und da war`s auch schon geschehen:
Nach Rom fährt der Zug nur dreimal am Tag!
Wie man es auch drehen und wenden mag!
Da half dann auch nicht unser Flehen.

Tickets gekauft, jetzt erst mal ordentlich
essen,
schon bald sind wir in einem Bistro gesessen.
Frische Spaghetti – doch das Wasser war aus,
wir genossen es trotzdem – was für ein Schmaus!
Das werden wir niemals vergessen.

Gespeist, gezahlt, jetzt ab in die Stadt,
damit man so Einiges gesehen hat.
Doch – halt – der Wirt pfeift uns zurück – oh
nein!
Ach, er läd` uns noch auf einen Grappa ein.
Da waren wir vor Erstaunen ganz platt.

Einmal unter Julias Balkon zu stehen,
und den romantisch lächelnden Leuten zusehen,
nur Romeo, der war ganz keck …
hat sich einfach vor uns versteckt.
An diesem Ort war`s wunderschön!

An der Etsch entlang flanieren,
durch die engen Gassen spazieren,
es gab viel zu entdecken – und voller Wonne,
scheint über uns die italienische Sonne.
Ein tolles Gefühl, kann ich garantieren!

Die Operngala hat begonnen,
und wir amüsieren uns versonnen,
über die vorüberziehenden Leute,
die tragen interessante Kleidung heute!
Sie haben ihren Stylingberater im Lotto
gewonnen!

Verdi`s Aida – und über uns der Abendhimmel.
Die Arena strahlt im Glanz von Sterngetümmel.
Kerzenlichter scheinen matt,
in dieser verzauberten Stadt.
Mitten im Menschengewimmel.

Die Stadt ist wirklich wunderschön,
da gibt es viele Dinge zu sehen.
Dem Ende zu neigt sich der Tag,
was uns die Reise wohl noch bringen mag?
Verona – arrividerci – auf Wiedersehen!

Anmerkung der Verfasserin:
Dieses Gedicht entstand im August 2010 im Rahmen
meines Sommerurlaubs in Verona und Rom und ist im
Limerick – Style* verfasst.

* Wird im Kapitel 9. „Limericks" genauer erklärt!

26

Kroatien

Strahlend blauer Himmel,
eine felsige Küste überall.
Die Sonne lässt das Wasser glitzern,
spielende Kinder in großer Zahl.

Die Menschen tauchen nach Muscheln,
die Kinder plantschen im warmen Meer.
Der Sonnenuntergang läd ein zum Kuscheln,
da freut sich eines jeden Herzen sehr.

Abends an der Bar `nen Cocktail schlürfen,
und morgens durch die Brandung surfen.
Salamander sonnen sich auf den heißen Steinen,
wir spielen Schach, und siegen kann nur Einer:

Tatsächlich! Der Champion gewinnt!
Wir liegen in der Sonne, bis wir braun sind.
Hoffentlich geht der Urlaub nie vorbei!
Doch das wäre zu schön, um wahr zu sein!

Irland

Blauer Himmel, grüne Felder,
viele Flüsse, schöne Wälder.
Irland ist so wunderbar,
man kann hier sehr schön Schiffchen fahren.

Mittags, wenn die Sonne scheint,
geh` ich schwimmen, das ist fein.
Wir tauchen ein ins kühle Nass,
das macht allen Riesenspaß!

Abends kann man Essen gehen …
zum billigen Inder, das ist schön.
Wir fahren hinaus mit `nem kleinen Boot,
und freuen uns aufs Abendrot.

Grün – weiß – orange, die Fahne weht,
wenn morgens dann die Sonn` aufgeht.
Irland ist ein schönes Land,
die Leut` sind nett, wir reisen mit viel
Gewand.

Blauer Himmel, grüne Felder,
viele Flüsse, schöne Wälder.
Ich lieb` es wirklich, hier zu sein,
dieses Irland ist schon fein!

5. Geburtstag

Geburtstag

Alles Gute zum Geburtstag.
Weil ich dich so gerne hab,
wünsch` ich dir viel Glück,
und vom Kuchen das größte Stück.
Man wird nur einmal 50 Jahr`,
aber ab heute ist das Leben wunderbar.
Ich habe dich so lieb!
Du bist der Beste, den es gibt!

Anmerkung der Verfasserin:
Dieses Gedicht entstand zum 50. Geburtstag meines
Vaters. Danke Papa, dass es dich gibt und dass du immer
für mich da bist!

<u>Glückwünsche</u>

Alles Gute zum Geburtstag,
wünsche ich dir heut.
Ich wünsche dir Gesundheit und Glück,
und hoff`, dass es dich freut.

Genieße deinen Ehrentag,
mach all Das, was dir gefällt.
Freue dich am Sonnenschein,
es freut sich mit dir die ganze Welt.

Iss eine große Torte,
lad` dir Freunde ein.
So wie du es willst,
so soll es heute sein.

Ich wünsch` dir nur das Beste,
was immer das auch ist.
Feier` deinen Geburtstag schön,
und bleib so, wie du bist!

Mama ist die Allerbeste

Du bist immer ehrlich und für Andre da,
auf dich kann man sich verlassen, das ist klar.
Du weißt immer Rat und hast ein offenes Ohr,
manchmal machst du dir Sorgen, auch das kommt
vor.

Du hast immer Verständnis und kannst gut
zuhören,
wenn ich Quatsch gemacht habe, konnte dich das
nicht stören.
Denn im Stich gelassen hast du mich auch in
diesem Falle nicht!
Du bist jemand, der niemals seine Versprechen
bricht.

Doch manchmal solltest du mir ein bisschen mehr
Vertrauen,
denn auch du kannst stets auf meine Hilfe
bauen!
Du unterstützt mich in guten, sowie in
schlechten Zeiten,
und wirst mich immer schützend durchs Leben
begleiten.

Du nimmst mich ernst und lässt mich nie im
Regen stehen,
auch wenn nichts nach Plan läuft, kannst du mir
in die Augen sehen.
Du ermunterst mich zu Selbstvertrauen und Mut.
Ein Schubs in die richtige Richtung tut
manchmal gut!

Du hast für deine Mitmenschen sehr viel
Empathie.
Vieles, was du für mich getan hast, vergess`
ich dir nie!
Du gabst mir die Möglichkeit, die Welt zu
entdecken.
Heutzutage reise ich selbst die größten
Strecken.

Meine Kindheit war voller Liebe und
Geborgenheit,
für mich und meine Fragen hast du immer Zeit.
Ich schätze an dir, dass du andere
respektierst, wie sie sind.
Auch mit meinen Fehlern und Schwächen bleib ich
immer dein Kind.

Deine eigene Meinung lässt du dir niemals
nehmen,
du bleibst dir treu und kannst dazu stehen.
Danke für all die schönen Momente, die du in
mein Leben gezaubert hast!
Wie gut du mich kennst, hab ich schon lange
erfasst.

Ich sage dir zu deinem 60. Geburtstagsfeste:
„Liebe Mama, für mich bist du die Allerbeste!"

Anmerkung der Verfasserin:

Dieses Gedicht entstand im Rahmen des 60. Geburtstags
meiner Mutter. Hiermit möchte ich mich für meine tolle
Kindheit und deine Geduld und Liebe bedanken, die du
immer für mich aufbringst!

6. Muttertag

<u>Muttertag</u>

Heut´ ist ein besond`rer Tag,
nur für dich allein.
Was du dir auch wünschen magst,
möge heut´ so sein.
Heute darfst du dich,
mal wieder richtig freuen:
Ich gratulier` zum Muttertag,
ich hab dich lieb und wünsch` dir Sonnenschein.
Ich wünsch` dir alles Gute,
viel Gesundheit und Glück.
Sei nur frohen Mutes!
Für dich kehrt der Frieden auf die Erde zurück.

7. Verschiedenes aus dem Leben

New York – never forget!

It`s quiet around me,
and I don`t know, what to say!
It`s plain to see -
I`ll never forget this day!
I cannot see the future,
I cannot change the past!
Stupid things are happened,
they happened too fast!
It`s the 11th of September …
I only see the plain …
I can hardly remember, but
it drives me insane!
It was like a heart attack!
And it`s easy to show:
I want to have the freedom back …
PEACE for the world – together – let`s go!

Anmerkung der Verfasserin:

Als ich an diesem Tag die Bilder im Fernsehen sah, war ich zutiefst schockiert und verwirrt. Ich habe 15 Minuten gebraucht, um zu realisieren, dass das die Realität ist, und nicht irgendein Actionfilm von Roland Emmerich! Ich musste meine Gedanken ordnen und habe mich an einem englischen Gedicht versucht! Ich hoffe, die Amerikaner verzeihen mir, dass mein Englisch nicht perfekt ist! Ich habe an diesem Tag beschlossen, eine weiße Rose zum Zeichen des Friedens am Ground Zero in New York niederzulegen, falls ich dort einmal stehen sollte. Und 2018 habe ich diesen Plan in die Tat umgesetzt! Ich wünsche mir aus tiefstem Herzen, dass so etwas nie wieder passiert!

Ein Lächeln

Manchmal ist ein Lächeln,
für mich ein Geschenk.
Weil ich dann immer weiß,
dass jemand an mich denkt.

Manchmal ist ein Lächeln,
das Schönste auf der Welt.
Man kann es niemals kaufen,
für kein Geld der Welt.

Manchmal kann ein Lächeln,
einen Menschen trösten.
Für einen kleinen Augenblick,
doch leider kann`s keine Probleme lösen.

Manchmal kann ein Lächeln,
Mut und Stärke geben.
Kann den Menschen Liebe schenken,
gibt Selbstvertrauen im Leben.

Manchmal kann ein Lächeln,
die Menschen auch beschützen.
Wer ein Lächeln schenkt,
kann And`re unterstützen.

Ein Lächeln kann so viel,
doch ich will nicht lang reden.
Nur ein kleiner Tipp von mir:
„Freu dich über die kleinen Geschenke im
Leben!"

Ein Lagerfeuer

Hörst du, wie die Flamme knistert,
hörst du, wie sie ganz leis` flüstert?

Und ihr schönes, helles Licht,
wärmt ganz sanft mein Gesicht.

Und ihre heiße Glut,
glüht feuerrot im Funkenflug.

Die kleine Flamme knistert sacht,
in der kalten Silvesternacht.

Fröhlich flackernd, gelb – orange,
sieh doch, wie die Flamme tanzt.

Hell und wärmend – hoch hinaus,
streckt sie ihre Arme aus.

In die dunkle Nacht hinein,
strahlt von fern ihr heller Schein.

Anmerkung der Verfasserin:
Dieses Gedicht habe ich geschrieben an Silvester 2003 /
2004, als wir im Garten meiner Tante ein Lagerfeuer
entfacht haben und gemütlich außen herum standen, um
einen schönen Abend im Kreis der Familie zu genießen.

Warum?

Die Menschen tolerieren And`re nicht,
sie rufen nur noch : „Ich, ich ich!"
Sie schwören einfach nur noch Rache,
statt miteinander zu reden, über eine Sache.
Es gibt jetzt noch viel mehr Gewalt,
viele Menschen finden keinen Halt.
Die Kriege machen alles noch viel schlimmer.
Wann kommt der Frieden?, denk ich immer.
Keiner wagt den ersten Schritt,
da halt ich langsam nicht mehr mit.
Ich sehe das nicht länger ein.
Sind sich die Leute zum Frieden zu fein?
Kämpfen ist oft leichter als diskutieren.
Und deshalb müssen viele Menschen in Hunger und
Not erfrieren.
Warum zerstört man diese Welt?
Statt dass man sie zusammen hält!

Anmerkung der Verfasserin:

In allem Negativen steckt auch etwas Positives! Ja ich war
schockiert am 11. September 2001. Und ich war und bin
trotzdem ein absoluter Gegner des Irak - Krieges, den
George W. Bush begonnen hat! Aber da die Welt nun mal
so ist, wie sie eben ist, und man nicht ändern kann, was
passiert ist, so muss man doch sagen, dass es dieses
Gedicht nur deshalb gibt, weil ich meine Gedanken zum
Irak - Krieg ordnen musste, und sie deshalb aufgeschrieben
habe. Also ist aus dem negativen Krieg ein Gedicht
entstanden. Gedichte haben etwas Positives, da man mit
ihnen in Worten seine Gefühle ausdrücken kann. Und ich
merke gerade, dass diese Worte auch auf 2021 übertragbar
sind. Das Gedicht ist also aktuell, obwohl es schon viele
Jahre alt ist!

40

Schach matt

Die Bauern rücken aus,
da gibt's vom König viel Applaus.
Die schwarzen Springer hüpfen ein L,
was den weißen Läufern nicht gefällt.
Der schwarze Turm, wie nett,
wirft 'nen weißen Turm vom Feld.
Dieser ruft: „Was muss ich sehen?"
Dame in Gefahr, oh weh oh weh!
Das ist dem schwarzen Turm egal,
er schmeißt die Dame, so 'ne Qual!
Der König nimmt geschwind Reißaus.
Der weiße Läufer traut sich raus.
Mutig stürzt er ins Getümmel,
übersieht 'nen Bauern, dieser Lümmel,
wirft ihn einfach,
die weiße Mannschaft wird jetzt schwach.
Ein weißer Bauer hat`s geschafft,
hat sich ganz leis` davon gemacht.
Er ist in der letzten Reihe angekommen,
hat die Dame sich zurückgenommen.
Die stellt sich auf ihren alten Flecken,
und kann nun König und Läufer decken.
Der schwarze Springer holt sich ein weißes
Pferd,
das ist seiner Mannschaft sehr viel wert.
Doch oh weh, was ist geschehen?
Haben die Schwarzen doch 'nen Läufer übersehen.
Der hat sich heimlich angeschlichen,
dem König ist alle Farbe aus dem Gesicht
gewichen.
Die schwarze Dame schreit: „Dich mach ich
platt!"
Zu spät – Schwarz ist Schach matt!

Anmerkung der Verfasserin:

Dieses Gedicht basiert auf dem Schachspiel. Dabei sind die Figuren
nun einmal Schwarz und Weiß. Das Gedicht ist AUF KEINEN FALL
rassistisch gemeint! Denn für mich sind alle Menschen gleich viel
Wert! Egal, was für eine Hautfarbe sie haben!

Wenn Einer ...

Wenn Einer den Anderen bedingungslos liebt.
Und Einer dem Anderen Anlass zur Freude gibt.
Wenn Einer dem Anderen die Hände reicht,
dann wird das Leben gleich doppelt so leicht.
Wenn Einer dem Anderen etwas Gutes tut,
und Einer sieht des Anderen Herzensglut.
Wenn Einer den Anderen toleriert.
Und Keiner den Sinn für Gerechtigkeit verliert.
Wenn Einer sich für den Anderen einsetzt,
und Keiner den Anderen durch Worte verletzt.
Wenn Einer den Frieden beginnt.
Und Keiner dem Anderen den Wind aus den Segeln
nimmt.
Wenn Einer den Anderen akzeptiert wie er ist.
Und dabei die Würde des Anderen niemals
vergisst.
Wenn Einer den Anderen nicht ändern will,
und Jeder des Anderen Hunger stillt.
Wenn Einer mit dem Anderen spricht,
und Keiner jemals seine Worte bricht.
Wenn Jeder immer ehrlich handelt,
und Keiner schlagend durchs Leben wandelt.
Wenn Keiner den Anderen nur will besiegen ...
... dann gibt es ein Zusammenleben in Frieden!

Das Leben aus der Sicht eines Pessimisten und eines Optimisten

Gibt es Gründe auf der Welt,
damit einem das Leben gefällt?
Es gibt nur Kriege, Trauer und Hass!
So macht das Leben keinen Spaß!

Was könnt´ es Schöneres geben,
als auf dieser Welt zu leben?
Es gibt noch die Hoffnung auf Frieden,
wenn sich die Menschen gegenseitig tolerieren und
lieben !

Die Lebensmittel werden teurer,
und für alles gibt es Steuern.
Und drehst du jeden Cent auch zehnmal um,
am Ende schaust du doch nur dumm!

Du hast in deinem Leben nie gepennt,
und zahlst die Steuern mit der Rent`
du hättest dich über ´ne Million gefreut
doch auch ohne sie ist Luxus eine Leichtigkeit !

Du arbeitest hart, und was ist der Lohn?
Wenig Gehalt, erntest nur Spott und Hohn.
Der knappe Urlaub, der bleibt mir gestohlen,
da kann sich doch niemand richtig erholen!

Die Arbeit ist der reinste Spaß,
da kannst du kreativ sein, ohne Unterlass !
Du freust dich schon auf dein Urlaubsland,
`ne schöne Zeit mit Freunden Hand in Hand !

43

Es gibt schlimme Krankheiten.
Menschen lassen dich im Stich, in schweren
Zeiten.
Die Forschung treibt es auf die Spitze!
Nimmt nix ernst und macht nur Witze!

Es gibt für fast alles eine Medizin.
Und Vieles ist nur halb so schlimm.
Wenn du noch kannst mit Freunden lachen,
dann bist nicht krank, dann lass es krachen!

Wahre Freunde findet man nur schwer auf der
Welt.
Du bist so ganz auf dich allein gestellt.
Die Liebe will ich gar nicht erst erwähnen!
Sie stimmt dich traurig, du versinkst in
Tränen!

Immer wenn es schwierig wird,
stehen deine Freunde hinter dir!
Die Liebe lässt dich nie im Stich,
auch wenn sie oftmals schmerzhaft ist!

Ist das Leben noch was wert?
Bei dir läuft alles nur verkehrt!
Du weißt, du taugst zu gar nichts mehr!
Das Leben, das ist hart und schwer!

Du hast`s im Leben weit gebracht!
Viel gesehen, viel gelacht ...
Und läuft auch manchmal was verkehrt.
Das Leben ist doch Lebenswert!

Keine Zeit

Schaue in die Einsamkeit,
nimm dir manchmal etwas Zeit!
Lauf auch querfeldein, nicht immer grade aus,
fühl dich irgendwo zu Haus.
Plan nicht jeden kleinen Schritt,
lauf nicht immer mit der Masse mit!
Schwimme auch mal gegen den Strom dahin,
betrachte die Welt mal wie ein Kind!
Lauf einfach mal los,
ohne die Frage: „Wohin den bloß?"
Weiche manchmal ab vom Weg,
der immer nur grad aus geht!
Man braucht nicht immer gleich ein Ziel,
grad ohne entdeckt man ganz schön viel!
Hast du manchmal keine Zeit für dich?
Nimm sie dir einfach, traue dich!

Dichterzeit

Ja, bald ist es soweit,
dann ist wieder Dichterzeit.
Wir dichten viel – rund um die Welt,
zum Spaß, genau wie`s uns gefällt.
Wir machen Quatsch und lachen viel,
ja dichten, das ist alles, was ich will!
Wir sind ein superstarkes Team beim Scherzen,
das erfreut unser aller Herzen.
Hoffentlich machen wir immer so weiter …
aber fallt mir bitte niemals von der Leiter!

Mitternacht – Zur Geisterstunde

Wer geistert durch das nächtlich Haus?
Vielleicht Fips, die kleine graue Maus?
Nein, das Gespenst Karl Valentin,
den spuken ist in seinem Sinn.

Wer spukt des nachts zu später Stund?
Vielleicht Prinzessin Kunigund?
Nein, das Gespenst Karl Valentin,
denn spuken ist in seinem Sinn.

Wer schleicht bei Vollmond übern Hof?
Ist es Zwick, der kleine Floh?
Nein, das Gespenst Karl Valentin,
denn spuken ist in seinem Sinn.

Wer rasselt mit Ketten im Kellergemäuer?
Das ist ja nicht mal den Ratten geheuer!
Das ist das Gespenst Karl Valentin,
denn spuken ist in seinem Sinn.

Wer erschreckt des nachts die Eule?
Mit seinem ungeheuren Geheule …
Unser Gespenst Karl Valentin,
denn spuken ist in seinem Sinn.

Die Gemälde wackeln an der Wand.
Und im Kaminzimmer liegt ganz viel Sand.
Das war der Geist Karl Valentin,
denn spuken ist in seinem Sinn.

Immer, wenn die Turmuhr zwölfe schlägt,
wird ein Spukstreich ausgeheckt.
Von dem Gespenst Karl Valentin,
denn spuken ist in seinem Sinn.

Schreckst auch du aus deinem Schlaf, heut
Nacht,
dann gib ganz gut auf dich Acht!
Karl Valentin hat vielleicht was ausgeheckt,
und dich ganz frech im Schlaf erschreckt!

The Technical Fight

Fernseher, Computer, Zubehör,
die Bedienung ist ja gar nicht schwer …
So sagt man, doch Tatsache ist:
Dass man dabei schnell vergisst,
dass zu manchereins Verdruss,
man die Technik erst verstehen muss!
Welcher Knopf zu welcher Zeit?
Ist das Gerät dazu bereit?
Welcher Stecker wohl wohin gehört?
Ob das Gerät sich daran stört?
Die Gebrauchsanweisung schnell erkunden,
hab ich den Fehler nun gefunden?
Nein, es scheint gar nicht drin zu stehen!
Selbst probieren, dann werden wir ja sehen!
Hilfe find ich nirgendwo!
Und das Gerät, das funktioniert nicht so,
wie ich es eigentlich gern hätte!
Welche Geheimnisse wohl dahinter stecken?
Es ist zum Mäuse melken, Haare raufen,
man sollte sich keine neuen Geräte kaufen!

Und die Moral von der Geschicht:
Technik funktioniert - oder eben nicht!

Frieden

Verliere nie den Mut,
gib die Hoffnung niemals auf,
du kannst Alles erreichen,
mach nur die Augen auf!

Öffne anderen dein Herz,
lass deine Seele frei,
schenk jeden Tag ein kleines Lächeln,
all das ist ein Stückchen daheim.

Suche dir Geborgenheit,
lass den Gefühlen freien Lauf,
lass deine Seele baumeln,
hab keine Angst, ich fange dich schon auf!

Bring Licht in all die Dunkelheit,
die auf der Welt es gibt,
hilf, dass nun bald Friede wird,
und dass Jeder Jeden liebt!

<u>Sei stark</u>

Auf der Welt bist du nicht allein.
Es gibt nicht nur Herzen aus Stein.
Egal, was auch kommen mag.
Freu dich auf jeden neuen Tag.
Sag immer, was du denkst.
Dann hast du nichts verschenkt.
Vergiss nie dein Ziel.
Denn Ja – Sager gibt`s schon zu viel!
Sag auch mal nein, wenn dir was nicht passt.
Denn nichts ist schlimm, wenn du vor Augen
hast:
Was du willst erreichen.
Vertrau auch auf die kleinen Zeichen,
die dir das Leben schenkt,
wenn du nur an sie denkst.
Sollte es mal schwierig werden,
mit deinen Freunden kannst du nichts verderben.
Sie helfen dir, wenn du sie brauchst.
Sie hören dein SOS, auch wenn du`s nur hauchst.
Das Leben ist manchmal hart.
Das beste Rezept ist: Sei stark!

Der Zauber des Ozeans

Die Meeresbrandung rollt an den Strand,
dort steht ein verliebtes Pärchen Hand in Hand.
Die salzige Meeresluft streicht sanft über
meine Haut,
der Wind hat mir das Haar zerzaust.
Sonnenstrahlen fallen glitzernd auf das Meer,
die Wellen rauschen sacht daher.
Tiefblaues Wasser bis zum Horizont,
dort drüben, wo die warme Sonne wohnt.
Schläfrig fährt ein Segelboot vorbei,
taucht den Bug ins klare Wasser ein.
Kleine Wellen bilden sich,
umspülen die Felsen mit weißer Gischt.
Das Meeresrauschen klingt ganz sanft,
ich fange schnell zu träumen an.
Ich schließe die Augen und spüre den Wind,
er streift durch die Palmen am Strand
geschwind.
Der Sand unter meinen Füßen ist heiß,
er leuchtet in der Sonne ganz weiß.
Die Strahlen wärmen mein Gesicht,
jemals woanders sein, das will ich nicht!
Die Sonne geht unter, tiefrot ist ihr Strahl,
ich blicke zum Meer hinaus, dort springt ein
Wal.
Möwen tummeln sich im Abendrot,
voll Freude ist meine Herzensglut.
Ich wünsche mich ewig allein an diesen Strand,
ich fühle mich geborgen am Meeresrand.
Ich spüre den Frieden, hier so allein,
es ist schön, auf dieser Welt zu sein!

8. Herzensangelegenheiten (Liebe)

Mehr brauch ich nicht zum glücklich sein

Ich habe mich in dich verliebt,
und konnte nichts dafür.
Ich konnte ja nicht ahnen,
dass es so kommen wird.

Erst lächelst du mich an,
dann sagst du zu mir nein.
Oh, wenn du nur wüsstest,
ich fühl mich so allein.

Ich würd jetzt gerne bei dir sein,
allein mit dir im Mondenschein.
Wir liegen unterm Himmelszelt,
und zählen alle Sterne dieser Welt.

Warum tut es denn so weh?
Spür jede Nacht, dass du mir fehlst!
Du bist für mich der hellste Stern auf Erden!
Ich würd gern mit dir glücklich werden!

Will dich sehen und dich küssen,
will dich niemals mehr vermissen!
Ich will nur dich, dich ganz allein.
Mehr brauch ich nicht zum glücklich sein!

Niemals

Niemals kann ich dich in meine Arme nehmen.

Mein ganzes Leben lang, werd ich mich nach dir
sehnen.

Von dir ist mir nur eine Erinnerung geblieben.

Doch ich werd dich immer lieben.

Ich besitze dich nicht,

hab dich nie besessen.

Aber ich werde dich niemals vergessen!

Mein kleiner Stern

Du bist so fern,

mein kleiner Stern.

Vermisse dich,

und hoff, du weißt, ich hab dich
gern!

Obwohl uns Welten trennen.

Und nachts Tränen auf meiner Wange
brennen.

Denk ich jeden Tag an dich,

und freue mich, dass es dich gibt!

Allein

Ich gehe durch die dunklen Straßen.
Es brennt kein Licht in den engen Gassen.

Verliere langsam mein Gespür für Zeit,
in meiner Hoffnungslosigkeit.

Du bist von mir fort gegangen,
und bist in meinem Herzen doch gefangen.

Ein kalter Wind durchstreift mein Haar,
und nun wird mir Eines klar:

Ich bin total in dich verliebt,
und weiß nicht, ob`s noch Hoffnung gibt.

Ich bin einsam ohne dich,
doch ich glaub, das interessiert dich nicht.

Der Vollmond scheint und ich hab Angst.
Komm, wärme mich mit deiner sanften Hand.

Ich finde keine Lösung mehr,
werd meiner Gefühle nicht mehr Herr.

Bin einsam hier auf dieser Welt,
wo nur noch du in meinem Leben zählst.

Eine Träne bahnt sich ihren Weg,
du bist weit fort und das tut weh.

Ich kann es keinem Menschen sagen,
denn damit würd ich dich verraten.

Dies alles nehme ich in Kauf,
schreib meine Gefühle einfach auf.

Wenn du nur wüsstest, wie ich leide.
Doch im Dunkel sieht mich keiner.

Ich weiß, ich habe nicht viel Mut.
Das ändert nichts an meiner Herzensglut.

Fühl mich einsam und allein.
Würde gerne bei dir sein.

Meine Seele hat sich verirrt,
weiß nicht, wo sie hin gehört.

Mein Herz denkt Tag und Nacht an dich.
Doch leider reicht das alles nicht.

Mein Körper sehnt sich nur nach dir.
Sucht deine Liebe an dem Baume hier.

Wo du mich einst, in schönen Zeiten,
geküsst hast, und versprachst, mich auf ewig zu
begleiten.

Liebe ist ein großes Wort,
und doch will ich dich jetzt sofort.

Befrei doch meine Seele aus den Fesseln,
denn ich kann dich nicht vergessen.

Alles wird so winzig klein,
neben dem Wunsch, bei dir zu sein.

Und obwohl ich versuche, nicht zu weinen,
bin und bleibe ich alleine!

_Du_

Wenn ich einsam bin,
spür ich dich ganz nah.
Wenn ich traurig bin,
bist du in meinem Träumen für mich da.

Wenn ich fröhlich bin,
tönt dein Lachen an mein Ohr.
Wenn ich glücklich bin,
dringt deine Stimme aus meinem Herzen hervor.

Wenn ich wütend bin,
beruhigt mich der Gedanke, wie du bist gegangen
mit Geduld zu Werke.
Wenn ich Angst habe,
tröstet mich die Erinnerung an deine Stärke.

Wenn ich dich vermisse,
lebt der Gedanke an dich in mir weiter.
Wenn ich die Hoffnung verlier,
weiß ich dich an meiner Seite.

Dein Stern am Himmel,
leuchtet jede Nacht für mich.
Danke für deine Geborgenheit -
ich liebe dich!

Liebe, wo bist du?

Liebe, wo bist du?
Frag ich in die Nacht hinein.
Ich fühle mich einsam,
du lässt mich hier so ganz allein.

Diese blauen Augen,
dieser sanfte Mund.
Die dunkle Nacht verschlingt mich,
bin gefangen im tiefen Abgrund.

Liebe, wo bist du?
Frag ich in die Dunkelheit.
Ich fall in einen tiefen Schlaf,
und schlafe doch nicht ein.

Du raubst mir die Luft zum atmen,
stiehlst mir mein Herz so rein.
Liebe, wo bist du?
Ich würde gerne bei dir sein.

<u>Vergessen</u>

Man kann alles vergessen:
Traurigkeit, Schmerz, Tränen, die
schlaflosen Nächte, die negativen
Gedanken …

Aber man kann nie so einen Mann wie
dich vergessen …

Den Mann, den man über Alles liebt!

Ohne dich

Ohne dich wäre ich allein.

Ohne dich hätte ich nichts zu Lachen.

Ohne dich könnte ich nirgendwo hin.

Ohne dich wäre mein Leben langweilig.

Ohne dich wäre mein Leben nur halb so schön.

Ohne dich wäre alles anders …

Danke,

dass es dich gibt!

Meine Rettung bist nur du

Wenn es mir schlecht geht,
bist du immer für mich da.
Wenn mein Leben auf dem Kopf steht,
weiß ich, du bist mir nah.

Wenn meine Gefühle Achterbahn fahren,
und keiner hält zu mir,
bist du die starke Schulter,
du tröstest, ich wein mich aus bei dir.

Du bist immer für mich da,
egal was auch passiert.
Du bist mein ganzer Halt,
du hältst immer zu mir.

Wenn alles scheint nur schief zu laufen,
und keiner merkt`s und hört mir zu.
Wenn ich die Hoffnung verliere:
Liebling, meine Rettung bist nur du!

Ja, ich wüsste, was ich tu …

Ich würd ein Liebesgedicht im Telefonbuch
inserieren,
und die Eiger Nordwand tapezieren,
ja, ich wüsste, was ich tu …
wenn ich wüsste, du guckst zu.

Ich würd vom Himmel holen alle Sterne,
würd durchs Weltall reisen, mit dir so gerne,
ja, ich wüsste, was ich tu …
wenn ich wüsste, du guckst zu.

Würd ich dich nicht so sehr vermissen,
würd ich für dich `nen Haifisch küssen,
ja, ich wüsste, was ich tu …
wenn ich wüsste, du guckst zu.

Ich würd auf dem Mond spazieren gehen,
nur um dich nochmal zu sehen,
ja, ich wüsste, was ich tu …
wenn ich wüsste, du guckst zu.

Ich würd den höchsten Berg erklimmen,
gegen den Strom durch alle Ozeane schwimmen,
ja, ich wüsste, was ich tu …
wenn ich wüsste, du guckst zu.

Ich würd die chinesische Mauer gelb
anstreichen,
und dir nicht von der Seite weichen,
ja, ich wüsste, was ich tu …
wenn ich wüsste, du guckst zu.

Ich würd für dich den Vesuv erkunden,
zehntausend Mal die Welt umrunden,
ja, ich wüsste, was ich tu …
wenn ich wüsste, du guckst zu.

Sich durch den Dschungel kämpfen müssen,
nur um dich nochmal zu küssen,
ja, ich wüsste, was ich tu …
wenn ich wüsste, du guckst zu.

Ich würd alles Geld der Welt verbrennen,
zehn Meilen durch die Wüste rennen,
ja, ich wüsste, was ich tu …
wenn ich wüsste, du guckst zu.

Würde jeden Boxkampf überstehen,
alleine rudern über zwanzig Seen,
ja, ich wüsste, was ich tu …
wenn ich wüsste, du guckst zu.

Ich würde tausend Romane schreiben,
nur damit du kannst bei mir bleiben,
ja, ich wüsste, was ich tu …
wenn ich wüsste, du guckst zu.

Dreißig goldene Muscheln tauchen,
mit Löwen um die Wette laufen,
ja, ich wüsste, was ich tu …
wenn ich wüsste, du guckst zu.

Ich würde die Titanic bergen,
mir 500 Mathe. - Formeln merken,
ja, ich wüsste, was ich tu …
wenn ich wüsste, du guckst zu.

Ich vermisse dich so sehr,
bitte komm doch zu mir her,
ja, ich wüsste, was ich tu …
wenn ich wüsste, du guckst zu.

Verrückt nach dir

Verrückt nach dir,
bin ich so sehr!

Verliebt, verlassen, allein und leer.

Was hast du nur mit mir gemacht?
Wer bringt mich jetzt durch diese Nacht?

Verrückt nach dir,
gib uns ´ne Chance!

Ich träum´ von dir, und falle dann in Trance.

Warum bist du jetzt nicht hier?
Ich bin so sehr verrückt nach dir!

Zwei verlorene Herzen

Zwei verlorene Herzen liegen hier im Sand.
Zwei verlorene Herzen treiben dort im Meer.
Zwei verlorene Herzen suchen Schutz an Land.
Ein verlorenes Herz vermisst das Deine sehr.

Ein verlorenes Herz ist hier ganz allein.
Ein verlorenes Herz sucht dich überall.
Ein verlorenes Herz würd gern bei dir sein.
Ein verlorenes Herz zieht hier einsam durch
Berg und Tal.

Ein verlorenes Herz legt zwei Rosen nieder.
Ein verlorenes Herz, das alle schlechten
Gedanken vertreibt.
Ein verlorenes Herz schließt die Augenlider.
Zwei verlorene Herzen sind jetzt neu vereint.

Hab dich lieb

Seine blauen Augen funkeln hell in dieser
dunklen Nacht.

Das hat in mir ein warmes Feuer entfacht.

Die Flamme in meinem Herzen knistert leise und
sacht.

Ich hätte niemals daran gedacht,

dass er mich so sehr liebt.

Und mir so viel Schutz und Wärme gibt.

Ich hör im Radio eine süße, leise Melodie,

und flüstere ihm zu, ich hab dich lieb.

Nur ein Wunsch

Als ich dich zum ersten Mal sah,
war ich hin und weg.

Ich dachte mir, du bleibst für immer da.
Das hat meine schlafende Sehnsucht geweckt.

Sympathie und Liebe – das ist ein Unterschied.
Und doch bin ich mir sicher:
Ich habe mich in dich verliebt!

Jetzt sitz ich hier und weiß nicht weiter.
Mir fällt keine Lösung ein.

Ich halt ein Bild von dir in meiner Hand.
Wir beide – das wäre auch zu schön, um wahr zu
sein!

Ich will keine Träne weinen,
so verzeih mir, wenn ich`s tu.

Mein Herz hat riesengroße Sehnsucht,
du lässt mir einfach keine Ruh.

Mir fehlen deine blauen Augen,
dein Lächeln sagt mir, wie schön es war.

Du bist so weit von mir entfernt.
Ich träume von dir Nacht und Tag.

Ich hab nur einen Wunsch so klein:
Ich würde gerne bei dir sein!

Sehnsuchtsträume

Ich sitze hier am Strand,
ganz allein am Meeresrand.
Fühl mich so allein,
wünsch mir nur, bei dir zu sein.
Mein Herz schlägt wild beim Gedanken an dich,
doch ich weiß, das hilft mir nicht.
Mein Körper sehnt sich nur nach dir,
aber du bist nicht bei mir.
Ich finde keinen Moment Ruh`,
ohne dich krieg ich kein Auge zu.
Ich würd jetzt gern in deinen starken Armen
liegen,
meinen Kopf an deine Schultern schmiegen.
Was soll ich tun, bin so verzweifelt,
weil mir einfach nichts mehr einfällt!
Ohne dich fehlt mir die Kraft zum Leben!
Nur du kannst mir die nötige Liebe geben!
Mein Herz, das liegt in festen Ketten,
bitte komm, um mich zu retten!
Ich liebe dich so sehr,
und will jeden Tag noch mehr!
Bitte komm zu mir,
und bleib dann für immer hier!

<u>Regenbogen</u>

Der Himmel ist so weit,
und du bist allein.
Dunkle Wolken über dir,
versperren dir den Weg zu mir.
Wenn du dich mal einsam fühlst,
dann schau, wie hell die Sonne glüht.
Ihr Licht weist dir den Weg zu mir,
also bitte folge ihr!
Immer wenn der Himmel weint,
und die Sonne durch die Tränen scheint.
Kannst du am Horizont erspäh`n,
`nen Regenbogen, bunt und schön.
Folge seiner Farbe Spur,
wie einer langen, leitenden Schnur.
Bald schon bist du dann am Ziel,
wag es, du verlierst nicht viel.
Dich erwartet dort das Land der tausend Träume,
bunte Felder voller Bäume.
Steht deine Hoffnung in den Sternen,
ich hol sie dir vom Himmel gerne.
Alle Wünsche werden wahr,
schließ die Augen und du siehst es klar:
Das Schicksal wird dich reich belohnen,
im Traumland, am Ende deines Regenbogens.

Hochzeit

Wir kennen uns seit vielen Jahren.
Sind schon gemeinsam in den Urlaub gefahren.
Haben dort bei strömendem Regen Wasserrinnen
ums Zelt gegraben.
Und ließen uns am Strand von der Sonne braten.
Nun hast du dein Glück gefunden.
Ich wünsche euch beiden viele, schöne Stunden.
Stunden des Glücks in Zweisamkeit.
Für den Partner stets ein offenes Ohr und etwas
Zeit.
Zusammenhalt auch an schlechten Tagen.
Liebe Braut, dein Mann soll dich auf Händen
tragen!
Für die Zukunft viel Glück und Gesundheit.
Herzlichen Glückwunsch zu eurer Hochzeit.

Anmerkung der Verfasserin:

Dieses Gedicht habe ich für eine sehr gute Freundin

geschrieben, als sie geheiratet hat. Diese Freundin kann

auch mit den Bemerkungen zu unserem Urlaub etwas

anfangen. Zum Schutz meiner Freundin und ihres Mannes

habe ich das Gedicht etwas abgeändert, damit ich keine

Namen nennen muss. Denn ich wollte dieses Gedicht

unbedingt in mein Buch mit aufnehmen.

Die Legende von R.

Ich sah in deine Augen
und sofort war mir klar:
Ich liebe dich unendlich,
deine Seele ist mir nah.
Dein Herz rief meinen Namen,
und ich verstand sofort,
wir gehören zusammen,
dies bedarf keinem Wort.
Doch du wurdest mir entrissen,
und für des Friedens Willen,
verzichte ich auf deine Liebe,
und denk an dich im Stillen.
Meine Sonne hat sich verdunkelt,
und schwer ist mir das Herz,
ich kann ihn nicht beschreiben,
den tiefen, schweigenden Schmerz.
Du wolltest flieh'n, den Berg hinauf,
und trägst auf den Schultern schwere Bürde.
Frag nicht nach dem Wieso,
schweig und erklimme diese Hürde.
Tu`s, auch wenn dabei mein Herz zerbricht,
der Friede auf Erden soll Leben.
Das Herz, das dich liebt, vergisst dich nicht!
Es wird dir alles vergeben.
Sprich niemals über uns`re Liebe,
denn du siehst, sie darf nicht sein!
Ich bewahre dich in meinem Herzen.
In Gedanken bist du immer Mein!
Du bist stark, es zu ertragen,
so denk immer daran:
Die kurze Zeit uns`rer Liebe war wunderschön!
Du hast das Richtige getan!
Mein Herz wird nie darüber klagen.
Ich habe dich nie richtig besessen.
Friede sei mit dir, auf all deinen Wegen.
Mein Herz wird dich niemals vergessen.
Wenn du mal nicht weiter weißt,
dann frag einfach die Stimme deines Herzens.
Sie wird dir geben meinen Rat, wird dich
leiten.
Und klein sind alle Schmerzen!

72

Ein Liebesbrief

Um mich herum ist alles dunkel,
nur ein paar helle Sterne funkeln.
Ich spüre nichts als Einsamkeit,
ach, schenk mir mehr von deiner Zeit.
Kannst du mich denn nicht verstehen?
Ich würd den Weg gern mit dir gehen!
Würd mein Leben gern mit dir teilen,
des nachts in deinem Arm verweilen.
Meine Sehnsucht zu dir ist grenzenlos.
Ist meine Hoffnung wirklich aussichtslos?
Ich will dich spüren, ganz nah bei mir.
Warum bist du denn jetzt nicht hier?
Ich kann dich einfach nicht vergessen!
Hab ich deine Liebe je besessen?
Ich ließe alles hier allein,
nur um nah bei dir zu sein!
Was würd ich alles darum geben,
nur um hier mit dir zu leben!
Für mich ist deine Liebe von unschätzbarem
Wert.
Do you know? Heaven is a place on earth!
Ich bin das alles furchtbar leid.
Befrei mich aus der Einsamkeit!
Wenn uns auch die ganze Welt verschmäht,
für die Wahrheit ist es nie zu spät!
Mein Herz schlägt ganz allein für dich,
was andre sagen, kümmert mich nicht!
Akzeptier` es, oder nicht -
verdammt, Junge! Ich liebe dich!

Antwort auf den Liebesbrief

Sehnsüchtig und nur noch voller Schmerz,
wenn du mich küsst, wird mir ganz bang ums
Herz.
Was ist, wenn andere uns sehen?
Werden sie uns dann verstehen?
Zur falschen Zeit am falschen Ort,
die Angst, die hält mich von dir fort!
Und doch fällt mir nichts besseres ein,
als mit dir zusammen sein!
Ich frag mich stets, was du grad tust,
und ob dein Herz das Meine sucht.
Ich halt das alles nicht mehr aus!
Hol mich aus diesem Alptraum raus!
Wir beide – das hab ich jetzt endlich
begriffen,
gehören zusammen, damit werd ich leben müssen!
Lass meine Hände dich berühren,
meine Lippen deinen Atem spüren.
Auf dieser Welt will einzig und allein,
ich an deiner Seite sein!
Es tut mir Leid, was ich gesagt,
weil ich jetzt einen großen Schritt gewagt,
um dir hier und jetzt zu sagen:
Ich will dich auf Händen tragen!
Ich schwör, ich lass dich niemals mehr im
Stich!
Mein Herz spricht leis` zu dir: Ich liebe dich!

9. Limericks

Anmerkung der Verfasserin:

Limericks sind Gedichte mit einem speziellen Reimschema. Sie bestehen immer aus 5 Zeilen. In der Form „aabba" wird deutlich, dass sich die ersten beiden und der letzte Vers reimen sollen (also das letzte Wort der 1., 2. und 5. Zeile). Ebenso bilden der 3. und 4. Vers einen Reim. Diese Form des Gedichtes wurde eigentlich entwickelt, um scherzhafte Inhalte kurz und bündig zusammenzufassen und die Menschen zum Schmunzeln zu bringen. Aber man kann diese Versform für jedes Thema verwenden. Woher der Name Limericks kommt, ist nicht ganz geklärt. Es wird angenommen, dass es in der irischen Grafschaft Limerick zwei Dichter gab, die diese Versform verwendet haben. Deshalb hat man dieses Reimschema dann nach der Grafschaft benannt. Eine andere Theorie besagt, dass der um 1820 lebende Schriftsteller Edward Lear der Gründer dieser Dichtkunst ist. Er soll das Soldatenlied „Will you come up to Limerick" als Inspiration genutzt haben. Lears Geburtstag, der 12.05., wurde zum internationalen Tag des Limericks erklärt. (Quelle: www.schreiben.net im Internet)

<u>Belfast</u>

Belfast ist `ne schöne Stadt,
die die Titanic beherbergt hat.
In dem Pub, man sollt` es kaum glauben,
gibt`s Kabinen zum Sitzen und auch zum Staunen.
Da waren wir ganz platt.

St. Stevens Green

In Dublins Park St. Stevens Green,
kann man der Hast auf den Straßen entfliehen.
Die Türen im gregorianischen Stil,
sind derer an den Häusern sehr viel.
Doch man sollte sich warm anziehen.

Irish Pub

Abends Live – Musik im Pub,
wo ich `nen Baileys getrunken hab.
Die Stimmung ist lustig,
die Leute sind durstig.
Das geht mir dann zu Hause ab.

Giant`s Causeway

Hoch im Norden, der Riesendamm,
zieht ganz viele Leute an.
Es ist ein wunderschöner Fleck,
von einem Riesen gebaut, von uns entdeckt.
Wie gut, dass wir ihn sahen!

Ireland goodbye

The sun is shining at the sky,
and so I don`t want to fly,
back home on sunday,
maybe on the next monday,
Ireland goodbye!

Anmerkung der Verfasserin:

Alle Limericks in diesem Kapitel habe ich während meiner
Irland - Rundreise durch den rauhen Norden der grünen
Insel im Jahr 2009 verfasst. In meiner deutschen
Reisegruppe gab es sogar einen kleinen Wettbewerb, wer
die besten Limericks erfindet. Unsere Reiseleitung hat die
kleinen Preise gestellt und die Gruppe selbst war die Jury.
Ich war die Einzige, die den Mut fand, auch ein englisches
Limerick zu schreiben, wofür die Gruppe mir sogar einen
Sonderpreis für das beste englische Limerick verliehen hat
(Ireland goodbye).

<u>Irischer Regenbogen</u>

Ein wunderschöner Regenbogen,
hat den Himmel überzogen.
Grau – blauer Himmel, zwischendurch auch Sonne,
diese ist hier wirklich große Wonne.
Das ist ganz sicher nicht gelogen.

<u>Am Strand</u>

Über`n Strand spazieren gehen,
und die Möwen fliegen sehen.
Hohe Wellen auf dem Meer,
auch der Wind saust schnell daher.
Ach, hier bleib ich kurz mal stehen.

<u>Wetter</u>

Abends schüttet`s wie aus Kübeln,
doch ist die Sache gar nicht übel.
Denn kaum ist man aufgestanden,
ist schon Sonnenschein vorhanden.
Schönes Wetter über Irlands Hügeln.

<u>Regen</u>

Heute sind wir nass geworden,
doch ich mach mir keine Sorgen.
Denn bald scheint die Sonne wieder,
wärmt die kalten, nassen Glieder.
Und dann fühlt man sich geborgen.

<u>Cliffs of Moher</u>

The Cliffs of Moher, the beautiful Rocks,
sometimes dissapear in white, white fogg.
They are 214 meters high,
in sunshine they are sparkling green in front
of the sky.
In my heart, they are forever locked.

10. Epilog

Ich habe festgestellt, dass ich mich besser fühle, wenn ich meine Gefühle aufschreibe. Als ich in die Pubertät kam, und meine Gefühle Achterbahn gefahren sind, habe ich deshalb begonnen, das Gefühlschaos zu ordnen, indem ich angefangen habe, Gedichte zu schreiben. Ich habe dabei meine realen Gefühle mit Wünschen, Träumen und Fantasien, die in meinen Gedanken herum schwirrten, vermischt. Nicht alles, was in meinen Liebesgedichten beschrieben ist, entspricht also der Realität.

Die Gedichte in diesem Buch sind alle von mir höchst persönlich verfasst. Ähnlichkeiten mit Gedichten berühmter Schriftsteller sind mir persönlich nicht bekannt. Sollte irgend jemand so eine Ähnlichkeit auffallen, so war das nie meine Absicht und ist mir nicht bewusst. In diesem Fall hoffe ich, der Künstler wird es mir verzeihen. Selbstverständlich kenne ich Gedichte berühmter Menschen, wie beispielsweise Goethe. Aber bei meinen Gedichten habe ich mich nur von meinen Gefühlen leiten lassen und die Inspiration für die Gedichte habe ich aus meinem Herzen geholt. Manches Gedicht mag Rätsel aufgeben, aber das macht nichts. So wirken sie geheimnisvoll und das gefällt mir.

Ich habe auch Gedichte geschrieben, in denen ich tatsächliche Erlebnisse verarbeitet habe, wie zum Beispiel Verse über verschiedene Länder oder einen schönen Urlaub. Meine Mitmenschen, also Freunde und Verwandte, waren auch manches Mal eine schöne Inspirationsquelle. Ich habe aber darauf geachtet, keine Namen zu verwenden. Ich könnte mir aber denken, dass die Menschen, die es betrifft, sich angesprochen fühlen, sollten sie dieses Buch lesen.

11. Danksagung

Zuerst möchte ich mich von Herzen bei **meinen Eltern** bedanken. Denn sie sind immer für mich da und sie sind für mich die besten Eltern, die ich mir vorstellen kann! Danke, dass es euch gibt und dass ich mich immer auf euch verlassen kann.

Außerdem gebührt ein großes Dankeschön **meinen Freunden,** die mich in jeder Lebenslage unterstützen und die mich so nehmen, wie ich bin, und auch meine Macken akzeptieren. Wenn es euch nicht gäbe, hätte ich nicht das Selbstvertrauen, das ich heute habe. Ich hoffe, dass ihr mich auf meinem Lebensweg weiterhin begleiten werdet, und dass ich euch auch stets eine so gute Freundin bin, wie ihr es für mich seid.

Großen Dank auch an **meinen Onkel,** der mir mit Rat und Tipps zur Seite stand, damit ich dieses Buch verwirklichen konnte.

Ich möchte mich auch gerne bei einem **besonderen Menschen** bedanken. Es ist schön, dass es diesen Menschen gibt und dass ich ihn kennen lernen durfte. Dieser Mensch hat mein Leben durchaus interessant gemacht. Der Person wird das wahrscheinlich nicht wirklich bewusst sein. Und das ist auch gut so. Die Identität bleibt zum Schutz dieses Menschen mein absolutes Geheimnis.

Weitere Bücher der Autorin:

„Die kleine Flamme findet Freunde"

Erschienen am 20. 01. 2021
bei Books on Demand
ISBN: **9783752612608**

12. Alphabetisches Verzeichnis aller Gedichte